27

LINA MERUANE

Señales de nosotros

TASCABILI

altamarea

Primera edición en esta colección: septiembre de 2025

© Lina Meruane
© de la presente edición: Altamarea Edición de Libros SL
altamarea.es
altamarea@altamarea.es

Diseño de la colección: Sara Maroto Hebrero
Maquetación: María Pérez Balteira

ISBN: 978-84-10435-06-3
DL: M-824-2025

Impreso por KS Printing en febrero de 2025

LINA MERUANE

Señales de nosotros

I keep trying to remember who I was in English.
LUCIA BERLIN

What is hard to imagine is hard to remember.
ALEKSANDAR HEMON

Nadie sabía nada.

Nadie, cómo era posible. La violencia arreciaba en el país, no tan lejos de nuestro cerco de rejas y muros de ladrillo enhebrados de enredaderas, de nuestras luminosas salas de clase y la cancha de pasto resistente pero recortado con esmero, lejos pero no tan lejos de los patios donde trazamos a tiza los recuadros del luche, donde saltamos al elástico o volteamos estampitas a manotazos, donde chocamos bolones de ojos gatunos y bolitas de cristal hechas para atesorar, no para ver el presente. Pero nadie que conociéramos había sido despedido de su trabajo o allanado, nadie detenido, interrogado, torturado; nadie desaparecido, dinamitado, degollado a sangre fría, quemado a sangre caliente.

Nadie: eso creíamos nosotros, los niños y niñas del colegio británico.

Señales hubo siempre, pero caían a nuestro alrededor como la lluvia, sus gotas saltando, salpicando, flotando momentáneamente en el agua hasta hundirse en círculos concéntricos. Señales que quedaron en los charcos de nuestro inconsciente sin que pudiéramos descifrarlas, como señas bajo contraseña.

¿Será cierto que éramos completamente incapaces de leer esas señales, que no preguntábamos ni entendíamos nada, que aceptábamos todo, que éramos inocentes?

¿Será que la política dictatorial de despolitizar al país, asumida por todas las instituciones y por nuestro colegio, nuestras familias, nuestros padres, nos redime retrospectivamente de responsabilidad?

¿No será que escudarnos en la infancia nos hace cómplices?

La insistencia en el orden era una de aquellas señales. Debíamos someternos al rigor del colegio que replicaba la férrea disciplina que la Junta Militar nos impuso. Debíamos estudiar más que nadie, obtener las mejores notas e impresionar a las familias más ricas que sacarían al país de la miseria y a nosotros de la dispareja clase media, en el proyecto de volver grande la nación.

Pasábamos frío en los inviernos setenteros, nosotros, pero teníamos techos que no eran de zinc, y ventanas cada una con su vidrio, y cortinas o persianas de madera, y murallas de ladrillo empapeladas por dentro. Casi ninguno tenía las casas de veraneo que casi todos tendríamos después, en Concón, en Reñaca, en el exclusivo Pucón, y no en la proletaria Cartagena junto a la derruida casa del aristocrático poeta Vicente Huidobro. No casas en plural, no todavía, pero sí uno o dos baños con cadena para tirar en vez de un hoyo lleno de moscas. Pasábamos frío pero contábamos con closets repletos de chalecos y calcetines de lana, y teníamos estufas a parafina que calentaban poco, pero calentaban. Frío pero nunca hambre: en nuestras mesas había tres o cuatro comidas diarias por más que en los platos no hubiera pescado otro que jurel-tipo-salmón o carne otra que molida, y los sesos, la lengua, las vísceras de esa carne con puré en polvo. Tomábamos sopa de sobre y lentejas con salchicha, porotos con rienda y muchos huevos, budines de una acelga que pretendía ser espinaca. No pasábamos necesidad, no, nunca, nuestras comidas eran servidas a la hora del hambre por una empleada de delantal que vivía en una pieza pareada añorando el campo donde ya no había trabajo pero donde todavía se tomaba leche de vaca en vez de la leche en polvo que tomábamos nosotros, con café en polvo o sucedáneo de café.

Y la violencia arreciaba sin tocarnos, sin herir a los nuestros.

Y la Junta Militar decretaba que las denuncias eran falsas o que las desapariciones y ejecuciones eran presuntas porque no había cuerpos que las certificaran.

Y a falta de evidencia material nuestros padres podían afirmar, sin sentir que mentían, que se trataba de rumores infundados.

Y podían decir entre ellos que los comunistas iban a matarnos y que defendernos era un legítimo derecho. Decir que nos amenazaban con altavoces en medio de la noche desde poblaciones aledañas. Decir como decían que antes de apagar las luces dejaban los autos preparados para salirles al paso.

Y decían entre ellos que algo habrían hecho o susurraban con malicia que los supuestos exiliados andaban en Europa con sus amantes.

Decían eso, nosotros intentábamos imitarlos.

Decían eso y decían cosas peores.

Decían que debieron matar a todos los upelientos, porque así llamaban a los partidarios de la Unidad Popular, juntando política y pobreza.

O no decían nada o cambiaban de tema.

Que nos dedicáramos a estudiar en vez de preguntar leseras, que para darnos un futuro era que se mataban trabajando.

Mi padre atendía a sus pacientes cada día y de noche, dos o tres noches a la semana, en dos hospitales distintos y acaso opuestos: uno era el Militar, como el régimen, otro era el Salvador, como Allende. Mi padre se sumergía tantas horas en esos hospitales, y en su consulta particular, y en las visitas a domicilio, que casi no le salía el habla cuando llegaba a casa: era su sombra la que comía con nosotros.

Mi madre no era como tantas madres del colegio inglés.

Mi madre se levantaba a las seis y a las siete se subía a su pequeño Fiat rojo que luego cambiaría por un Dodge Dart americano traído en un *container,* y partía a atender niños enfermos o desnutridos en un descascarado hospital público de la periferia.

Mi madre era la hija única de una madre sola, hija de una mujer divorciada pero profesional, secretaria en un despacho de abogados que algún día terminaría sus estudios de leyes en la Universidad de Chile y se graduaría junto a otra mujer, en traje dos piezas las dos, blusa, collar y aros, zapatos de tacón, ambas sentadas y rodeadas por un centenar de hombres de terno y corbata.

Mi madre era, entonces, hija de una abogada que fue pagando con esfuerzo las cuotas mensuales de un colegio británico para niñas ricas y no tan ricas que, en tiempos del socialismo, en pleno debate parlamentario de la ley de Educación Nacional Unificada, se uniría a su par, el colegio de los niños ricos y los no tanto, para impedir que las aulas se llenaran de pobres.

Mi madre, que egresó de su colegio mucho antes de ese debate que no llegó a ley, se enteró de que los *boys* asistían a clases por la mañana y las *girls* por la tarde, y que algunos *boys* dejaban cartas de amor a *girls* que no conocían, dentro de sus pupitres.

Mi madre sabía que esa alternancia de horas no había durado.

Mi madre insistiría en que sus hijos estudiaran en ese colegio mixto: no en otro colegio británico o americano o francés o alemán o suizo, no en un colegio cualquiera, ni siquiera en un buen colegio público como al que había asistido mi padre en el centro de Santiago.

Nunca nos interesó saber cómo era estudiar en un liceo, nunca se lo preguntamos a nuestro padre.

Mi madre se educó en un colegio privado que exigía trajes de dos piezas, uno de invierno, otro de verano, con chaquetita de doble cuello y botamangas y botones que vendía una sola tienda en el centro de Santiago, y guantes de dos estaciones que las *girls* no se podían quitar ni para comer helado. Esas éramos las niñitas del colegio privado, dice mi madre, agregando un irónico *very british.* Eran los años cincuenta, los mismos años en que Lucia Berlin, hija de un empresario estadounidense, estudiaba en un colegio angloamericano con un uniforme que de seguro era similar; la escritora recordaría en sus cuentos la frivolidad de las niñas de su colegio *very american,* y algo más que no debió repercutir en la memoria de mi madre: que «había un pequeño mundo inglés en el país de Chile», con «iglesias anglicanas y modales ingleses y casitas rurales, jardines y perros de raza, el club de campo Príncipe de Gales, equipos de rugby y de cricket, y, por supuesto, el colegio Grange, un muy buen colegio de hombres, estilo Eton».

Retrocede en el tiempo, mi madre, para contar que en su colegio de niñas chilenas aspirantes a inglesas conoció a la hija segunda de la familia Allende. Beatriz se había formado en una escuela francesa pero terminó en el colegio inglés de mi madre.

Mi madre a veces se refiere a la Beatriz Allende como la Tati.

La Tati invitó a las compañeras a almorzar a su casa de Guardia Vieja y aparecieron unas sirvientas grandes y gordas, dice mi madre, que les ofrecieron porotos granados a la redonda o a la francesa. Una sirvienta sostuvo la bandeja esperando que mi madre hiciera algo pero mi madre no supo qué hacer. No seas huasa, espetó la Tati, mete el cucharón a la fuente.

Mi madre siguió siendo su amiga cuando ambas iniciaron estudios de Medicina en la Universidad de Concepción.

Sería una época tan feliz para mi madre que incluso el demoledor terremoto de 1960 no daña su recuerdo. Ese recuerdo que mi madre no tiene porque esa misma mañana había partido a Santiago a ver a su madre que ahora vivía con un escritor muy chapado a la antigua.

Su recuerdo del peor terremoto de la historia chilena es entonces el relato de las veintitantas compañeras que compartían con ella la antigua casa universitaria.

Las veintitantas pasaron juntas los diez minutos de una sacudida que, en el epicentro, quinientos kilómetros más al sur, marcó 9.5. Juntas vivieron el maremoto que inundó la costa ese mismo domingo después del almuerzo. Juntas la muerte de miles de sureños que salieron a mariscar mientras el agua retrocedía para formar una ola de ocho metros. Juntas el hundimiento de la carretera panamericana y de la señorial escalera de la casa donde vivían. Juntas quedaron atrapadas en el piso superior.

La Beatriz Allende fue rescatada en avión esa noche o la noche siguiente, duda mi madre; lo que recuerda bien es que la Tati le contó que desde el aire el sur se veía hundido en una nube.

Del padre de su amiga, que era presidente del Senado en los años de Concepción, mi madre suele decir muy poco pero cuando lo recuerda dice que él llegaba de sus visitas a minas y campamentos, se cambiaba de ropa y se vestía de *lord*. Dice que una vez fue a un cóctel en la casa de una amante que Allende tenía en el sur y que ella, mi madre, se vio rodeada de gente que apenas conocía. Dice que la sorprendió un mozo vestido de blanco con canapés cubiertos de mermelada de mora. Dice que se metió el canapé a la boca y la mora le supo más salada que dulce, más marina que frutal, pero viendo que los demás devoraban esos canapés mi madre tomó otro y se lo tragó, para disimular. Dice que no dijo nada ni ese día ni en los días siguientes, cuando se enteró de que eran canapés de un carísimo caviar que mi madre no conocía ni de nombre.

Mi madre: cuando regresaron a Santiago a hacer el internado, la Beatriz se fue con los estudiantes de izquierda a un mismo hospital y la invitó a irse con ellos. Mi madre se negó. Mi madre le dijo que ese no era su camino. La Beatriz opinaba que ese el único camino.

Mi madre no votó por el padre de su amiga en las presidenciales de 1970 que Allende ganó. Su amiga, hija de médico, abandonó la práctica médica y se volvió la más ardiente asesora de su padre, su consejera más temeraria, la intermediaria entre el Gobierno socialista y el Movimiento de Izquierda Revolucionaria.

Su amiga había dejado de ser su amiga.

Se casó con un diplomático cubano y en 1973, tras huir de una Moneda en llamas, tras enterarse del supuesto suicidio de su padre, se exilió en La Habana.

Que la Beatriz Allende no soportó la muerte de ese padre al que adoraba, que no soportó irse de Chile, que no soportó que le quitaran a los hijos, es algo que mi madre afirma sin titubear. Que acabó muy mal. Que tenía treinta y cinco años cuando se suicidó.

La muerte de un padre era una idea insoportable para cualquiera, no para mi madre, que no conocía al suyo.

Nuestros padres seguían haciendo sus vidas o eso creían. Bajo un régimen que impedía las reuniones, los médicos consiguieron permiso para organizar un congreso en Viña del Mar. Permiso para discutir corazones obstruidos e infartados o deformes hasta el final de la tarde. Mi padre era el secretario del congreso y mi madre, su consorte: llevaba un traje largo y un abrigo de *tweed* celeste, precioso, dice ella, con volantes a la moda de esos tiempos. Al cierre del evento, un colega insistió en que mis padres pasaran a su casa a comerse una cosita, un traguito con un sanguchito. Todo rapidito para que no los pillara el toque de queda, es decir, para que no los agarraran los navales que controlaban la zona y eran la fuerza más feroz. Pero la copucha se alargó, cuenta mi madre, y la despedida fue demorosa como siempre lo son esos adioses entonados con pisco. No alcanzaron a recorrer más de seis cuadras desiertas cuando hicieron parar. Bájense del auto, ordenaron los navales con unas caras que según mi madre daban miedo. Ni siquiera saludaron, dice, no me dirigieron ni un buenas noches señora, insiste, contrariada por la mala educación. ¿Y yo por qué me tengo que bajar?, replicó ella haciéndose la *lady* ofendida o la gringa despistada que no sabe a quiénes se está dirigiendo. Esos quiénes de mala cara se lo recordaron ruidosamente pasando el cartucho de bala a la posición de disparo. Solo les faltó apretar el gatillo en respuesta a la insolencia de la señora. Revisaron el auto y los papeles del congreso que mi padre llevaba en el asiento trasero, y se los llevaron caminando a una comisaría cercana que mi madre llama capacha. Ahí los separaron: hombres y mujeres en piezas aparte. Mi madre, maquillada y peinada de peluquería con su abrigo cerrado y sus joyas al cuello, sus anillos, se sentó junto a mujeres que no iban ataviadas como ella, pero que, como ella, habían sido detenidas. Eran mujeres que trabajaban esa noche y todas las noches en las despobladas calles viñamarinas. Mujeres que el toque dejaba «al toque» en la más cruel cesantía, en la intemperie del hambre. Entre ellas, mi madre debía de ser una rareza y una pregunta. Sintió que una de las prostitutas le propinaba un codazo en la cintura, susurrando, ¿y vos en qué andabai?

Pasada la medianoche los soltaron para detenerlos cuatro cuadras más adelante, otra vez.

No teníamos experiencia, dice mi madre. Ahí aprendimos que la cosa iba en serio. Aprendieron que solo en situaciones de emergencia se podía salir, en auto, a muy baja velocidad, con todas las luces encendidas, con las cuatro ventanas abajo, sosteniendo un palito coronado con un pañuelo blanco o una bandera blanca o un pañal blanco para que no les fueran a disparar.

Mi madre asegura que esa detención ocurrió el mismísimo año del golpe, en noviembre de ese año, a las once de la noche, pero los datos no cuadran. El toque de queda duró lo que casi toda la dictadura pero fue variando de horario. En los primeros tiempos caía sobre el territorio nacional a las 17:00, a las 19:00, a las 21:00, hora militar que era la forma de cronometrarnos, y se mantenía hasta las 06:00 porque a esa hora era imperativo salir a trabajar.

Qué irresponsables, murmura mi hermano. ¿Y nosotros, dónde estábamos?

Teníamos seis o nueve años, once o siete o diez, y no notábamos las miguitas de pan que acaso los pájaros fueran devorando ni las piedritas blancas regadas por Chile que solo recogeríamos en el futuro, y solo algunos de nosotros.

Nuestros padres decían que para recoger había que sembrar, que para acumular y escalar necesitábamos las matemáticas y las ciencias y las conexiones apropiadas que brindaba nuestro colegio, y que para eso estábamos aprendiendo esa otra lengua, ese otro acento, el *british,* con ese otro vocabulario shakesperiano y moderno y esos otros verbos difíciles de conjugar. En tanto, la vida de los otros que no conocíamos más que de vista, si acaso, transcurría solo en castellano.

Mientras tanto, mi padre se puso a estudiar inglés para llegar hablándolo a su pasantía en un hospital de Nueva York.

Mientras tanto mi madre, que lo hablaba con acento británico, no lo ayudó en los estudios porque mi padre ya asistía a un instituto de lenguas, ya se había retirado por problemas de horario y seguía estudiando con una profesora particular.

Mientras tanto no aprendió lo necesario y en el hospital neoyorquino pasó semanas sin poder comunicarse con sus pacientes.

Mientras tanto solo se entendía con el colega chino que, según mi madre, tenía un acento espantoso, y mientras progresaba con los pacientes mi padre le dio la razón, porque al médico chino dejó de entenderle.

Mi hermano y yo aprendimos a leer y escribir en el inglés americano de una escuelita de New Jersey. Cuando aterrizamos en el colegio británico, dos años después, descubrimos que muy pocos niños hablaban otra cosa que la lengua chilena que a mi hermano le resultó difícil y a mí, ininteligible. Pasé semanas sola en el patio del recreo, sola leyendo libros traídos en las maletas de mis padres. Solo destacaba en las clases de inglés donde la *miss* escribía palabras sencillas o los números hasta el diez con tizas de colores que a veces se rompían en la pizarra haciéndonos doler las muelas. En esa clase comprendí que solo yo sabía contar hasta cien y que si me apuraba al *ninety-nine* podía hipnotizar a mis compañeros de pantalón gris y chaqueta con insignia y cautivar a las niñas de corbata a rayas, y gárgolas, y más gárgolas bordadas en sus insignias, atentas a mi recitar.

Esa gárgola emplumada —*gryphon* en una lengua, caballito en nuestra jerga— fue cosida, anudada, tatuada a nuestros cuerpos, timbrada en nuestros libros, copiada en nuestros informes, esculpida en nuestros premios, con su alevosa lengua asomándose en el pico.

Nunquam non paratus, leía en latín la cinta que rodeaba a la monstruosa mascota del colegio británico. *Never unprepared.* Siempre listos. El lema resonaba con los lemas militares que íbamos repitiendo de memoria, sin pensar.

Siempre preparados, ingresábamos al *assembly* donde nos ordenaban por nivel y por curso, de la A a la E, y nos ponían en fila, de la A a la Z. Era un orden letrado sin privilegio de las carreras profesionales o empresariales o diplomáticas o políticas o acaso militares de nuestros padres, un orden exacto que no distinguía entre nuestros apellidos españoles e ingleses, árabes, turcos, croatas, italianos, indios, judíos o alemanes, incluso asiáticos. Aunque esos últimos escaseaban entre nosotros, aunque escaseaban menos que los apellidos mapuche.

Siempre dispuestos estábamos las huestes de niños peinados al agua y de niñas con moños altos y sobre todo lacios, con zapatos más pulidos que lustrados, y entonábamos por la razón y la fuerza el himno nacional ante la imagen enmarcada del dictador: frente en alto, uniforme de gala lleno de galones, cruzado por una banda en los colores de la bandera. Sobre su pecho, el escudo nacional como una insignia: la estrella de cinco puntas, el cóndor y el huemul de cabezas coronadas. Por la fuerza se arriaba la bandera mientras cantábamos asimismo los himnos castrenses: los mismos que coreaban los lunes sin ton ni son, con más son que sin, los niños de Chile.

Nunca no preparados íbamos de «los viejos estandartes, que en las batallas combatieron, y que empapados en sangre a los soldados guiaron» al «orden y patria es nuestro emblema, la ley espejo de nuestro honor» hasta quedar «listos a cazar las velas»;

pero nosotros, los tan listos, agregábamos uno más, el breve y contundente himno a la reina de Inglaterra a quien nos tocaba resguardar implorando a Dios por ella.

Nunquam non para el *God save our gracious glorious victorious Queen*. Levantábamos los versos *long to reign over us* con nuestras voces blancas, al unísono, leyendo la rima, aprendiéndonos la metáfora, la anáfora y las aliteraciones del *hymn book* y completando el pregrabado fondo instrumental sin percibir, concentrados como estábamos los menores, que algunos, los mayores, no cantaban lo mismo o solo movían los labios, porque había entre nosotros disidentes que se negaban a ser súbditos.

Ahí viene ahora otra señal de aquellos años, viene arrastrando su pesado bolsón de cuero, se acerca investida de su *jumper* azul, sus calcetines también azules subidos hasta la rodilla y su blusa blanquísima. La manga enrollada y quizá rajada para dejar pasar el brazo roto y el yeso que lo envolvía.

Era una señal flacuchenta, de largo pelo rubio y párpados hinchados. Qué te pasó, pregunté a la señal que por apellido se situaba en la R, y ella, en vez de hablarme de la rotura del hueso o quejarse de la caída, de su codo dolido, de su mano rasmillada, de sus dedos estrangulados, susurró que acababa de hablar con su padre, pero apenas unas palabritas porque la llamaba con monedas desde un teléfono público, él, que hacía meses andaba arrancado sin que ella supiera dónde.

No sabía si volvería a verlo, dijo con los ojos brillantes mientras yo le firmaba la cal.

Se sonó con la otra mano y se disculpó con la profesora jefe por llegar tarde. Acababa de mudarse con su madre y sus hermanos a una comuna en las afueras de Santiago. Una comuna en la que su casa destacaba porque más que casa era un palacio de escalones empedrados y leones esculpidos junto a la puerta, propiedad de un abuelo o bisabuelo o tatarabuelo suyo que en los manuales de historia era descrito como presidente liberal.

Esos libros los leeríamos después, esa historia la aprenderíamos después, ahora R invitaba a algunas de nosotras a su palacio de piedra y nosotras corríamos por el salón de muebles de caoba y murales al óleo a los que no prestábamos atención: buscábamos un escondite.

El padre de R estaba escondido, pero no en ese salón.

Era un padre comunista jugándose la vida a escondidas.

Fue tan sorprendente y tan secreta la revelación de R que me senté en silencio junto a ella y hundí los ojos en mi cuaderno, aterrada de que un día mi padre se escondiera de mí.

Sin que yo supiera dónde.

Sin suficientes monedas en el bolsillo para llamarme.

Vivimos el golpe escondidas pero juntitas, dice P en diminuto, pero mi mamá ya no se acuerda de nada, nada; está viejita mi mamá, con la memoria deslavada. Yo me acuerdo de todo, todo, todo, sigue P, que es prima menor de mi madre, que por entonces era una niña.

La mañana del golpe a su mamá, funcionaria de una empresa estatal, la tuvieron tirada de guata sobre el piso de su oficina pero pronto la soltaron, acaso porque era rubia de ojos azules. Se puso de pie y se sacó los zapatos de taco y se fue corriendo sintiendo que las balas pasaban silbando a su lado, shiiiiiii, shiiiii.

Llegó a la casa con las medias rotas. La prima de mi madre recuerda eso vívidamente y recuerda todo lo que le dijo su mamá, todo todo, repite, en un Chile donde todavía se habla del campo campo o del miedo miedo para que quede claro de qué se está hablando. Ese Chile donde hasta los ríos bio bio y calle calle y cau cau insisten en decirse dos veces seguidas para que se sepa que llevan mucha agua y no pocas piedras. Para que nadie ponga en duda el decir de su cauce.

No sé qué cara habré puesto yo, agrega la joven prima de mi madre, cuando llegó el furgón, qué ojos de huevo, qué venas palpitando en el cuello, porque mientras nos subían a la cuca y mientras dábamos vueltas por Santiago mi mamá intentaba convencerme de que los señores que se bajaban de la cuca y regresaban y se bajaban y se metían otra vez estaban jugando.

¿Están jugando?, la pequeña P al paco escuchando el taca taca taca de metralletas, afuera.

Al paco, dice recordar, se le llenaron los ojos de lágrimas.

No estaban jugando. Estaban siguiendo las órdenes del tío C que por esos años era coronel o teniente coronel o mayor de carabineros o alguien con suficiente capacidad de mando en la institución. Sus pacos estaban haciendo un simulacro de allanamiento para evitar uno verdadero, la verdadera detención de su hermana menor que era una socialista separada de comunista, que tenía un segundo marido metido en política y una única hija del primer matrimonio.

El tío C había partido «a trocha y mocha» a rescatar a la tía S: la llevó a la casa del tío H donde ellas pasaron unos meses escondidas y luego se ocultaron en las casas de otros hermanos, que sumaran doce, mientras el tío carabinero se las arreglaba para sacar del país al hijo mirista de la tía N y auxiliar al tío T, que también se exiliaría. Era una familia acostumbrada a repartir un dulce chiquitito en doce pedazos si hacía falta, repartirlo en doce pedazos iguales. Los doce cerraron filas y se cuidaron en los años del golpe. Incluso mi abuela, la mayor, la que no había tenido que esconderse.

Muchas veces vine a jugar contigo, recuerda P, porque tu abuela y tus padres vivían tan cerca del tío H, pero tú no debes acordarte de eso porque ¿tendrías qué, tres años? Yo tenía seis y jugábamos a las escondidas en tu jardín.

Nos enseñaron a escondernos debajo de los pupitres en reiterados simulacros de terremoto. Si sonaba el timbre o la campana por más de cinco segundos debíamos desmontar nuestras sillas, doblarnos en varios pedazos, meternos bajo los bancos de madera y esperar hasta que el timbre o la campana dejaran de sonar. Pero que sonaran también podía ser orden de salir en fila hacia una zona de seguridad previamente establecida: uno de los amplios patios de cemento o la cancha de deportes cercada por una acequia que en primavera se llenaba de lombrices. Las instrucciones se ajustaban a la ubicación de cada sala pero lo que no variaba era la profesora jefe leyendo nuestros apellidos en voz alta y poniéndonos en *detention* si no figurábamos presentes. Había que estar y gritar presente, *miss!*, o *present sir!*, porque un terremoto era cosa de vida o muerte como lo era casi todo en ese tiempo.

Tal vez el simulacro no fuera solo para responder al violento roce de las placas que podía matarnos. Tal vez fuera parte de un entrenamiento para «los periodos especiales de los tiempos de paz». Y tal vez por los sabotajes a las torres de alta tensión, los apagones cubriendo las noches o salpicados durante los días, tuviéramos siempre a mano gruesos paquetes de velas que encendidas desfiguraban nuestros rostros y asimismo pilas para la única linterna de mi padre y la única radio, que era de la empleada pero estaba siempre prendida en la cocina. Tal vez por el miedo a que los milicos erraran sus planes y crearan desabastecimiento, otra vez hambre, había sacos de papas y de porotos y bolsas de tallarines, y galones de aceite en la bodega. Tal vez por eso mis padres cocinaran ollones de tomates maduros y cebollas, pimentones y atados de perejil y ajos comprados en la vega, y molieran el mejunje en la juguera y volvieran a hervirlo con bolsitas de ácido salicílico para conservar la salsa por décadas, en botellas. Tal vez para eso hicieran conservas y mermeladas caseras que le poníamos a las hallullas mientras mirábamos la pantalla en blanco y negro.

Hay más señales, altas y oxidadas como antenas televisivas.

En la pantalla, en horario estelar, muy de cerca el perfil de los milicos entonando el himno nacional antes de la aparición del dictador, de frente, con su uniforme almidonado y su banda, sus galones, su bigotito fascista, sus comisuras torcidas hacia abajo. Con voz pituda, Pinochet arrastraba las palabras de sus discursos transmitidos por los canales en cadena, dando cuenta del progreso experimentado por Chile cuando la Junta, cirujana de la patria, extirpó el «cáncer marxista».

En la pantalla debíamos advertir que la frase y el discurso era plagiario, pero no lo advertimos porque no lo sabíamos porque no nos enseñaron que esa metáfora enfermiza, esa alegoría sanadora, la había disparado otro general que, antes de caer en desgracia y retirarse de la Junta, la había copiado de algún líder anticomunista estadounidense que rezaba, en inglés, *communism is cancer!*

En la pantalla veíamos a menudo a la mujer del dictador exhibiendo un pelo corto esponjado por su peluquero personal, con vestidos diseñados para ella, zapatos importados que se adelantaban a la moda y sombreros de diseño que no salían de su bolsillo. Con esa elegancia se lucía rodeada de un ejército de pobladoras que trabajaban para la fundación inventada y dirigida por ella y auspiciada por su marido para servir de palo blanco. Se lucía alardeando de «proporcionar bienes espirituales y materiales a la mujer chilena» con una sonrisa maquillada y maquiavélica.

Qué felices éramos viendo esos programas de los que habían desaparecido la politiquería y los políticos, decían nuestros padres resacosos de las movilizaciones que les impidieron trabajar tranquilos, vivir tranquilos, reírse como nos reíamos a finales de los años setenta viendo a oficinistas mediocres y secretarias voluptuosas seduciendo a su jefe mientras la compañera tecleaba su máquina, empecinada e idiota. Nos divertíamos viendo a presentadoras emitiendo noticias inventadas y los éxitos musicales del sibilante Silverio Silva del *Jappening con Ja,* esa serie dirigida, producida y actuada por los mismos que antes nos habían distraído con *Dingolondango:* el circo de las emociones sin pan.

Una noche, a la hora de comer, mi padre nos mandó a apagar la tele mientras pasaban *La madrastra,* que ya iba por la mitad de la temporada. Por más que protestamos, por más que argüimos que la protagonista era su prima y nuestra tía, mi padre dictaminó que esa era la hora de compartir y de conversar. Y eso fue, esa noche, lo último que dijo.

Aprendimos a cantar canciones nuevas, repitiendo las letras de memoria.

Con R, las letras de unas suecas rubias que doblábamos en castellano y de unos hombres que cantaban en falsete que mi padre ponía a todas horas en su tocadiscos importado.

Con K, L, N, O, en clases de canto: el coro detrás y nosotras, R y M, de únicas solistas.

Con F y R y S, y otras que ya olvidé: letras sobre el deber del orden sobre la música marica y marcial de *In the Navy,* de los Village People, que coreografiamos a la hora del recreo.

Aprendimos a guardar silencio, aprendimos la conveniencia de callar que algunas de nosotras desaprendimos en los años de la universidad.

Nos aprendimos los pasos de la cueca para honrar a la Junta en las fiestas de septiembre, avanzando y retrocediendo en ochos, remachando espuelas, levantando el ruedo de la falda, floreando pañuelos en el aire. Bailando aprendimos a dominar las caderas para volvernos pascuenses de conchitas al cuello. Bailamos toda clase de ritmos hipnotizados por el *Baila domingo,* donde cientos de parejas empobrecidas competían por el premio de salir en la tele. Y bailamos imitando a la bailarina de *Solid Gold* que se contorsionaba sensualmente cada semana en inglés: era tan negra y glamorosa como blanca y maquillada la Raffaella Carrà, ambas de mallas brillantes y mínimas que queríamos copiar como lo copiábamos todo.

Jugar un partido limpio, ser personas rectas, portarnos bien: esto era parte de nuestro repertorio y reaparecía con distintos arreglos durante esos lunes en los que también cantábamos el himno del colegio con su mandato, *to play a straight game for the sake of the school.* Me preguntaba si el padre de R podía haber jugado chueco para que los militares volvieran, cada tanto y sin aviso, a buscarlo. Qué maldad suya podía justificar que los milicos se metieran en su casa y que, en las noches de allanamiento, la madre le ordenara a R y sus hermanos menores esconderse bajo la cama y cerrar bien los ojos y taparse bien las orejas y pensar en cosas apacibles o bonitas o divertidas que contrarrestaran el terror. Cosas agradables, decía R y suspiraba, cosas chistosas entre grandes bototos y órdenes y zamarreos sufridos por su madre, y gritos que traspasaban los dedos de R y se le metían muy dentro con el mensaje de que encontrarían a su padre y que no habría piedad ninguna con él, por más alto, rubio y nieto de presidente.

Esta señal pasó inadvertida entre los niños de ocho que aún éramos, pero no entre nuestros padres, no entre los rectores y los profesores y los adultos del país de Chile: el hallazgo de ejecutados que por fin ya no eran presuntos.

El hombre que buscaba a su hijo por los montes apretujados alrededor de la capital se topó con unos añosos hornos de cal que eran los abandonados de Lonquén, y asomó su cabeza por una de sus chimeneas y quedó estupefacto. Había cuerpos maniatados y tenían todavía algo de piel y de pelo en sus cabezas e incluso ropa, aunque rota. No supo cuántos eran aunque luego se contaron quince; ninguno correspondía al hijo del hombre.

Ese hombre realizaría una denuncia anónima a la Vicaría de la Solidaridad.

Esa denuncia permitiría abrir una investigación.

Esa investigación fracturaría el discurso de los presuntos sostenido hasta entonces por el régimen.

Y esa fractura sería ahondada por una jueza subrogante, la única que osó meterse al horno por un boquete, la única, flaca como era, en reptar entre las osamentas, la única en describir y en explicar antes de que decenas de obreros del empleo mínimo tomaran palas, picos y azadones, antes también de que comenzaran las excavaciones, antes de que llegaran los peritos y los restos se destinaran al Instituto Médico Legal para su reconocimiento y ella debiera ceder su rol en el caso.

A la salida de uno de los tantos interrogatorios, un campesino de la zona declaró al telediario (que no vimos), en un nervioso castellano (que no escuchamos), una frase (que conocíamos bien porque vivíamos en ella): Yo no sé na', yo nunca supe na' de na', yo no soy un sabedor de na'.

El no saber nada, el no querer saber, vestía al país como escudo y como privilegio de haber sabido pero haber preferido no saber.

Los hechos empezaron a escribirse en diarios y revistas (que aún no leíamos, que ni siquiera hojeábamos). Solo escarbando en ellos (cuando el régimen había caído) recuperé la historia en el archivo de un periódico y viajé en bus por una carretera, por calles pueblerinas mal pavimentadas, por un sendero de tierra suelta que llevaban a la mina donde ya no había osamentas ni chimeneas: los hornos habían sido dinamitados.

Señales de esos años que se contarían como si fueran leyendas de un tiempo anterior: lejos de Príncipe de Gales, la monárquica avenida de nuestro colegio, y lejos de ese Chile lleno de hornos que se creía el más británico de América, crecía la complicidad entre el dictador chileno y la primera ministra inglesa. Dos manos duras contra el socialismo y los sindicatos y los señores extremistas, cuatro manos contra los militares argentinos. Invitación abierta para que el señor de anteojos negros pasara por Londres a tomar un *english tea with scones* cogidos con los dedos de la derecha.

Del año de Lonquén lo que recuerdo no es Lonquén. No la cal viva que rebajó el olor a muerte y resquebrajó la imagen del régimen sino la posibilidad de la pólvora y la inminencia de la guerra con Argentina, donde había otro dictador y otra Junta autoconstituida usando la indefinición del trazado fronterizo para lanzar encima de los crímenes su propia cortina de humo.

No es cierto que nuestros recuerdos sean solo recuerdos de un recuerdo.

Recuerdo la cortina que filtraba, amortiguándola, la luz de un sábado que tal vez fuera domingo.

Recuerdo las alucinantes nevadas sobre montañas casi azules en la ventana.

Recuerdo la cama grande, las sábanas como un manto de flores importadas, la gruesa frazada de lana.

Recuerdo la Comet prendida solo un par de horas, en las tardes, y en las madrugadas el frío que se nos metía en los huesos.

Recuerdo que a mi madre parecía bastarle su mañanita de lana llena de agujeros sobre los brazos que doblaba para leer un diario enorme lleno de omisiones.

Recuerdo esa mañana de 1978: el brillo de la bandeja de aluminio, las dos tazas vaciadas de té con leche, migas perdidas sobre un plato.

Recuerdo a mi padre entrando a la pieza vestido enteramente de verde militar, calzado con gruesos bototos negros talla cuarenta y cinco que quizá dónde encontraron para él en ese Chile de hombres bajos y pies diminutos.

Recuerdo haber preguntado por qué llevaba ese uniforme, pero no de dónde lo había sacado.

Recuerdo la respuesta seca de mi madre por detrás del diario que le tapaba la cara: mi padre iba a un entrenamiento. Recortó el resto de la frase que yo esperaba. Disipó la palabra guerra que pesaba en el aire frío. Silenció la posibilidad de que la guerra estallara y mandaran a mi padre al frente como médico de reserva.

No había estudiado la geografía de la guerra, todavía. Imaginé, mirando un mapa, que ocurriría a dos horas de nuestra casa, en la cima de esa cordillera refulgente que asomaba por la ventana de mi casa y sobre los techos cuando llovía y en el colegio cuando nevaba, en esas altas cumbres y no en los gélidos islotes meridionales donde mi padre jamás encontraría monedas, o teléfonos, o palabras suficientes.

El entrenamiento se dispuso para los fines de semana y tenía carácter obligatorio; había riesgo de amonestación, de severa represión y quién sabe si de represión para el que no acudía. Pero mi padre se disculpó escudándose en la hija enferma que requería de atenciones especiales.

Sin excusa posible cubríamos a pasos veloces el kilométrico perímetro de la cancha, entrenándonos para campeonatos deportivos con otros colegios ingleses. Íbamos reduciendo la velocidad cuando vi que se acercaba la fatiga porque iba subiendo por mis toperoles y trepando por mis calcetines hasta las rodillas que ahora se doblaban o doblaron y del resto no supe más. No sé en qué delirio llegué a la enfermería donde dicen que molí con las muelas un montón de caramelos. No sé quién me metió en un taxi, ni en qué momento apareció mi hermano a mi lado. No sé cuánto demoramos al hospital donde nos esperaban nuestros padres.

Cómo olvidar, dice O, a M explicándonos para qué servía el páncreas y el funcionamiento de las células que a ella no le funcionaban. Cómo olvidar sus esporádicos pero esperpénticos temblores y desmayos. Cómo olvidar que O cruzó el colegio corriendo, entrenada como estaba en el correr, para llegar ante el quiosquero a pedirle, entre jadeos, que le fiara un berlín con crema, bien espolvoreado de azúcar, para M, M, porque M estaba desfalleciendo.

La muerte estuvo siempre tan viva: M intuía que iba a morir antes de los treinta sin saber que era precisamente eso lo que su madre le había anunciado a la familia, que M no llegaría a esa edad.

¿En qué medida puede la muerte propia sensibilizarnos ante la ajena?

Nuestro sufrir colectivo se concentraba en el césped donde cada lunes se trazaban o repasaban los bordes blancos de las canchas de hockey y rugby, *soccer* y vóley, salto largo y otros deportes que ya no eran cricket ni tenis ni golf. Eran tantas las canchas desplegadas en el extenso campo que llamábamos la cancha, y era tan imperioso el lema del esfuerzo que practicábamos ahí. *No pain, no gain,* nos gritaban las profesoras dentro de sus buzos y lo mismo escuchaban nuestros compañeros, en sus *shorts* blancos y sus camisetas blancas. El *fair play* era otro mandamiento, uno que prohibía que la chueca cayera en una cara compañera, que la durísima bola de cuero golpeara un hueso, que en busca de la puntuda pelota los rugbistas acabaran en cabezazos o rompiéndose las clavículas. Aun así, no nos era extraño el tecleo de los toperoles sobre el cemento, las camillas ensangrentadas camino a la enfermería.

Además del deporte reglamentario y las clases de gimnasia que para las *girls* era rítmica, jugábamos al besopatá y lo combinábamos con el *hide and seek.* Huyendo de la persecución, V, que era pequeñísima, delgadísima, de pelo lacio y largo, se metió en el tambor de la lavadora americana que mis padres habían traído a Chile en otro *container,* y nadie la encontró para darle un beso o una patada. Levantó la tapa, victoriosa, y otra vez echó a correr. Mi madre nunca entendió (nunca quise explicarle) por qué la máquina estaba tan desbalanceada. El técnico que vino a repararla tampoco se explicaba cómo se había dañado de tal manera esa máquina hecha para durar.

Acaso fuera otra señal que nos enseñáramos nosotras mismas a ser detectives siguiendo las instrucciones de un manual ilustrado que a K, su pelo liso y castaño, sus dientes cruzados por frenillos, le habían traído de regalo. Un busca-señales, ese libro. Una señal que nos propusiéramos pistas a seguir, documentos a investigar, sospechosos a identificar, misterios que resolver en ese país de Chile plagado de pistas falsas y desapariciones verdaderas que acaso estuviéramos percibiendo en el no pregunten leseras. Y sin preguntarlas nos dejábamos mensajes cifrados en una tinta cítrica e invisible, de nuestra propia creación.

El referéndum de 1980 constituyó una señal en extremo dudosa.

Señal primera: en cadena nacional (que no vimos), en severo uniforme de milico (que no recordamos), el dictador anunció un plebiscito para que la ciudadanía eligiera si retornar a «la noche de los mil días negros» o apoyar una nueva constitución, con un «nuevo concepto de democracia», que le permitiría gobernar otros siete años y ser reelegido después por un periodo similar.

Señal segunda: la maniobra se realizó bajo un estado de emergencia que impedía a la ciudadanía moverse, reunirse, expresarse (nosotros nos movíamos, nos reuníamos, nos expresábamos), y que no permitía a la oposición acceder a la radio o a la televisión para hacer campaña ni participar en las mesas electorales para asegurar la integridad del proceso.

Señal tercera: una comitiva cívico-militar usó fondos estatales para ir casa a casa y puerta a puerta (nadie vino a la nuestra) enseñando a los chilenos a votar como si ya lo hubieran olvidado.

Señal cuarta: la elección se realizó sin padrón electoral ni supervisión otra que la de los partidarios civiles y militares del dictador.

Señal quinta: el plebiscito se hizo coincidir con la fecha del golpe, como si estuviera previsto que ese día la Junta volvería a subyugar al socialismo.

Señal última: el referéndum superó el sesenta y cinco por ciento de aprobación.

Es seguro que sin atender a las irregularidades hubiéramos votado como nuestros padres, a favor del alargue; pero no votábamos porque solo teníamos nueve o diez años.

No aprendimos a votar pero aprendimos a obedecer, y no aprendimos a debatir sino a pelear a combos y garabatear.

Con espanto pero sin piedad la *miss* de religión nos llamó adelante, a R, a K, a M, y nos obligó a sumarnos a una decena de *boys* que merecían un *detention* por hablar vulgaridades y mencionar las partes íntimas de las mujeres.

¿No nos daba vergüenza a nosotras decir esas mismas palabras soeces?, preguntó agitando su pelo oscuro, sus ojos encendidos.

No nos daba vergüenza ninguna, reconocimos.

Nos estábamos defendiendo de ellos y defendiendo a R, a quien algunos llamaban verdulera porque vivía en una populosa periferia rodeada de endebles casitas de cartón y de viviendas pareadas, más sólidas pero igualmente improvisadas; verdulera como las madres de niños sin zapatos, de jóvenes sin estudios, de esposas sin marido y de abuelas que atendían almacenes o puestos de frutas y verduras lavadas en las aguas turbias de una acequia.

Nos pareció inaceptable lo que agregaron esa tarde. Tu papá vale callampa. No por los champiñones que cundían tras las lluvias sino por las tomas que cundían entonces, las poblaciones callampa donde acaso estuviera el padre de R. Ándate a tu casucha, callampera, le gritaron, sin saber o sin aceptar que su casa era lo contrario de casucha.

No nos excusamos por insultarlos de vuelta.

No delatamos a los agresores.

No les aclaramos que, por más hija de comunista, R pertenecía a la rancia aristocracia chilena que ni ellos ni nosotras alcanzaríamos nunca, ni aunque lo intentáramos cada uno de los años que nos quedaban en el colegio.

Nosotras resolveríamos el asunto con nuestras propias manos y lo de las manos fue literal. Sonó la campana o el timbre del recreo y en el desalojo de la sala la fila de los soeces se disolvió. Salimos K, M, R, las tres juntas al patio y vimos que B y P nos sonreían. Siguiendo nuestras órdenes R se quedó atrás y K dio un paso hacia adelante, hacia ellos, y como P no retrocedió le metió un manotazo que dejó dedos impresos en su cara. M dio otro paso pero tampoco B retrocedió y entonces alargó su brazo, lo agarró de la cresta morena y melenuda y lo mechoneó hasta que sintió que su mano se separaba de la cabeza de B. Vio el desconcierto en su rostro, su puño lleno de pelo, el pelo cayendo al suelo como plumas de pollo.

No tan cerca, pero a nuestras espaldas la violencia política seguía impactando de frente los cuerpos ciudadanos: por decreto se los desnudaba de sus derechos cívicos, se les negaba legítima defensa jurídica, se los acusaba de insubordinación, de traición, de terrorismo. Eso sucedía más allá de las enredaderas que aprisionaban los muros. Sucedía más allá de la reja en punta que nos impedía escapar y a la vez nos resguardaba de lo que no debíamos saber.

Y los años iban corriendo con nosotros, por delante o acaso por detrás.

Y estábamos cumpliendo once o doce cuando nos enteramos de que había desaparecido un niño como nosotros, aunque mucho menor.

Y ya no hubo manos para taparnos los ojos ante la tele, no hubo dedos suficientes en las orejas: la radio estaba siempre prendida.

Y se rumoreó secuestro en un Opala verde.

Y se debatió el hallazgo del cuerpo en un peladero previamente inspeccionado.

Y se discutió la verosimilitud de la confesión del único acusado.

Esta vez, sin embargo, antes de que se disolviera el caso por sucesivas aperturas y cierres, surgió una señal luminosa que quedó dando vueltas: una *vendetta* de los agentes del Estado.

O recuerda a T diciéndole que en Chile se mataba gente, que su madre chilena se lo había revelado, que su padre canadiense se lo había confirmado, que en Montreal, donde habían vivido, se hablaba mucho de eso. De que en Chile pasaban cosas terribles, pero que la información estaba controlada y solo se hablaba de lo que quería el dictador. O se había reído de él, porque dónde estaba pasando eso que T contaba con tanta convicción, dónde, a ver. Si no había un dónde eso no podía ser cierto, y no era cierto, no. Eso era un cuento de T o de la madre de T o de su padre o de ese país donde se hablaba inglés y francés, donde nadie hablaba castellano.

Más de cerca, dentro de nuestras aulas, vislumbraríamos la violencia económica instituida por la burocrática Junta y los eficaces tecnócratas formados en la Universidad de Chicago, con Milton Friedman de profesor guía y sus neoliberales *boys* de asistentes. No sabíamos entonces que, uno, Chile fue elegido como laboratorio del salvaje sistema de libre mercado, que, dos, la brutalidad del capitalismo que se estaba ensayando en nuestro país requería de una dictadura dispuesta a reprimir toda resistencia, que, tres, ese capitalismo caía periódicamente en crisis y las medidas de ajuste eran tan severas que generaban una enorme oposición, que, cuatro, la ecuación ideológica igualaba pobreza con resistencia política con legítima represión.

Nos levantábamos a las siete. Nos servían té con leche y marraquetas con margarina y media hora más tarde nos llevaba al colegio un padre distinto. Mi padre hacía el recorrido dos veces por semana porque las M, que eran suyas, valíamos por duplicado. Esa mañana recorrió el barrio de casitas con antejardín, llenó el auto de dos M, un D, una S y una V, y enfiló hacia el sur atravesando una zona de viviendas básicas construidas bajo la Unidad Popular. Mi padre, que nunca militó en un partido político, que no hablaba nunca de política, que manejaba por la ciudad sin prender la radio, dijo, apuntando hacia los edificios en bloque, que demasiadas familias habían aprovechado la oferta de tarjetas para comprar a crédito cosas que ni siquiera nosotros podíamos permitirnos. Mi padre desconfiaba de la compra desbordada, en cuotas pero con intereses. Y dudaba del dólar estancado en treinta y nueve pesos, de la multiplicación de los bancos, de los préstamos instantáneos y variables. Mi padre, que se oponía a la nacionalización de la banca y de las industrias, a la reforma agraria y a otras medidas económicas del socialismo, desconfiaba del consumismo descontrolado que promovía el equipo económico de los milicos. Dijo, mi padre, murmurando para sí y para mí, porque yo era la M que iba a su lado, que los créditos fáciles y las infinitas tarjetas nos llevarían a la ruina. No solo la ruina de las clases arruinadas que querían vivir como las medias, sino también la de las clases medias que pretendían vivir como la alta por más que se les viera la hilacha. Y se preguntó algo que yo volvería a oír en mi vida adulta, algo retórico, impregnado de superioridad: cómo era posible que quienes no tenían ni para comer, ni agua caliente con que ducharse, compraran televisores a color en vez de un calefón o del cálifon, y autos importados y casas nuevas que alimentaban la especulación. Pero no eran solo ellos quienes se excedían: el país entero estaba viviendo a plazo.

El futuro le daría inmediata razón a mi padre: en 1981 reventó la burbuja económica y el país se fue en picada: el dólar dobló su precio, aumentaron los intereses, se desató la inflación, se hundió la producción, cundió la quiebra y la cesantía llegó al veinticinco por ciento: una cuarta parte de la población perdió su puesto de trabajo y a quien lo mantuvo le bajaron el sueldo. Los endeudados ya no pudieron pagar lo que debían y los no endeudados casi no tenían para comprar. Mi padre había culpado el modelo consumista, pero la compra desaforada era parte de una política económica de completa desregulación que llevó, ante la crisis, a severas medidas de ajuste.

Y la canasta familiar se hizo bolsa.

Y la taza de té palideció porque la bolsita se compartía. (Agüita de calcetín, decían con desprecio quienes todavía tomaban sendas *cups of true english tea*).

Y el pan de molde llegó en rebanadas más flacas.

Y los súper-ocho se hicieron más cortos.

Y comimos más cochayuyo, muchas guatitas, pero seguimos consumiendo carne molida de vez en cuando mientras al policlínico de mi madre llegaban mujeres embarazadas que chupaban piedras o comían tierra por la desesperada falta de hierro.

Y nos impusieron delantales a cuadrillé azul para proteger nuestra ropa y de paso ocultar las diferencias que empezaban a notarse ahí.

Porque algunos hermanos menores heredaron el uniforme de los mayores.

Porque a algunos nos parcharon codos y rodillas.

Porque nos dieron la basta del *jumper,* que ahora llevábamos con la raya del planchado anterior.

Porque nos compraron zapatos excedidos de talla porque no habría un segundo par, sin decirnos que muchos no tenían ni para el primero.

La crisis remeció nuestra uniformidad escolar. Si hasta entonces no habíamos notado diferencias, empezamos a fijarnos en lo que marcaba dicha distinción y a convencernos de que quienes se esforzaban recibían recompensa mientras otros la perdían por su desidia. Si mis padres creían en algo, era en el trabajo, no en la recompensa: en casa no se practicaba la felicitación ni menos la conmiseración por el fracaso.

Los caceroleos nos despertaron, a medias. Eran la señal del hambre y del descontento ante un Gobierno políticamente impune y económicamente implacable. El golpeteo en ollas y sartenes quebraba la noche como desentonadas campanas, irrumpían con cucharas de palo y de fierro en el susurro asordinado del toque de queda reclamando la caída del dictador y su dictadura en un oscuro anonimato. Al vaciarse la canasta familiar se vino abajo la doctrina del padre proveedor de la tradición conservadora: los trabajadores fueron los primeros en perder sus puestos y eran sus mujeres quienes los aceptaban por la mitad. Si una mujer fuera de casa era inconveniente, más lo eran los hombres dentro de ellas, inclinándose hacia la protesta y las pedradas. Suspendiendo el imperativo desregulador y desasistido del libre mercado, la Junta y sus tecnócratas reconsideraron las recesivas medidas de *shock* y recurrieron de manera provisional a políticas estatales de estímulo para los trabajadores, que asimismo sirvieron para maquillar las cifras de la cesantía. Al

Programa de Empleo Mínimo siguió el Programa Ocupacional para Jefes del Hogar. Y a nuestras veredas, donde alguna vez, muy niños, nos sentamos a vender vasitos de limonada tibia, llegaron cuadrillas de obreros demacrados a picarlas, abrirlas, cavarlas, llenarlas de tubos y taparlas, y volver a abrirlas unos meses después, para instalar otros tubos o cables o nada, y volverlas a cerrar para volver a abrirlas, y cerrarlas, a cambio de un sueldo mínimo.

Mis padres declaraban pertenecer a la clase media profesional pero se vieron abrumados por la idea de que caeríamos en lo más bajo de esa clase media si nos sacaban del colegio, y apretándose más el cinturón, y haciendo más turnos, más horas en la consulta, más domicilios, pagaron con retraso, o sin retraso, pero mediante un préstamo de mi abuela que devolvían a finales de mes para volver a pedir otro.

En la convulsión económica sobrevino la estampida y no todos quedaron en pie. Vimos vaciarse sillas en las salas de nuestro colegio menos nuestro que nunca.

Un día no vino W pero no atendimos a esa señal.
Al día siguiente fue X quien no vino.
A la semana, ni H, ni I, ni J, ni L.
Al mes los olvidamos: habían dejado de existir.

El padre de H pagó por años la escolaridad de sus cinco hijos, pero H, el menor, no lograría egresar del colegio de sus hermanos: salió un viernes vestido de camisa blanca y el lunes siguiente se vistió de camisa celeste para seguir sus estudios en un liceo.

La madre de E pasó a buscarlo una tarde, sin aviso previo: la inspectora interrumpió la clase de castellano y E, que era medio inglés o entero inglés, alzó los hombros y las cejas y luego una mano en despedida, y salió desgarbado y rubio, dando trancos largos y haciendo bailar su chaqueta en el brazo. Fue la última vez que lo vimos. Nadie nunca recibió una llamada o una carta suya, ni siquiera una postal o una misiva por interpósita persona para contarnos cómo era que su madre se lo había llevado sin permiso del padre, o cómo era volar en avión y vivir en Londres, porque sin saber dónde estaba nos lo imaginábamos en esa ciudad.

El padre de G era un *Chicago boy*. Durante la intervención de la banca por manejos corruptos que entonces se llamaron toma de riesgos excesivos, el padre de G pasó una temporada en un anexo privado de la cárcel pública. El recinto había sido convento antes de volverse prisión de privilegio: los banqueros de los ochenta no compartían celda con los demás delincuentes y los violadores de derechos humanos, imputados en los noventa, no se mezclarían con otros asesinos. Un hijo de Pinochet pernoctaría ahí en la década siguiente, pero apenas dos semanas porque pudo pagar la fianza. El padre de G no debió de tener para la fianza pero sí para sus noches de habitación privada y su derecho a visita diaria, a sala de lectura y televisión y a pichangas con otros banqueros convencidos como él de que saldrían indemnes porque hundir al país era parte del plan: le permitiría al dictador implantar «necesarias» reformas neoliberales: un brutal sistema de ajuste que apretaría el cinturón de la ciudadanía, hasta estrangularla, mientras se lo soltaba al empresariado.

El padre de V dejó de conducirnos y V se ausentó de nuestro diario *car pool*. No se nos ocurrió preguntar por ella ni llamarla por teléfono para conversar ni consultar a nuestros padres por su ausencia. ¿Era que los dolores ajenos no nos concernían? ¿Era que estábamos distraídos por las tareas y las teleseries y los programas de baile? ¿Era que no queríamos saber?

Supimos que el padre de V tenía problemas para pagar.

Supimos que sufría de un cáncer terminal.

Supimos que se suicidó.

Supimos que se fue.

Supimos que no debíamos seguir preguntando (no pregunten leseras) y no supimos más que el padre de V había pagado en vida un seguro escolar para garantizar, a su muerte, que V continuara recibiendo la gran educación del colegio.

La madre de O perdió su trabajo en una organización internacional que le pagaba en dólares cuando ya no costaba treinta y nueve pesos y esa divisa estaba en alza.

A continuación del cese se quedó embarazada.

A continuación se sumó una boca a la mesa de cinco, pero el padre de O, un funcionario público que jamás levantaba la voz y menos en la mesa, se negó a quitar a O del colegio.

A continuación, o inmediatamente antes, el directorio chileno del colegio inglés se negó a entregar otro año de ayudas a alumnas aplicadas como O: no eran ni una familia ni un fundo ni una fundación de caridad, eran una empresa empeñada en el *fair play* implacable con quienes no podían seguir en el juego.

A continuación la familia de O dejó su casa sobre una avenida iluminada y se mudó a un departamentito en el desolado centro de la ciudad.

A continuación vendieron el auto y empezaron a usar el metro que llevaba seis años en funcionamiento y trece en construcción pero la estación Príncipe de Gales no se abriría hasta mucho después de que hubiéramos egresado. O se iba sola con bolsos, libros, toalla y palos de hockey o una pelota de vóley, se iba equilibrando eso y su poca edad en la micro, como hacían los liceanos, incluidos H, I, J, L, X y por supuesto W.

A continuación, sobre esas micros que aceleraban del centro al sur, haciendo peligrar la vida de los pasajeros en sus carreras para cortar más boletos, O fue asomándose a la calle viéndolo todo sin ver nada.

Sobre esa ciudad, esas avenidas, esas existencias que no eran como la nuestra escribiríamos algún día, algunos de nosotros. Sobre realidades vistas y conversaciones oídas en colectivos, liebres, micros, vagones del metro, y en los acotados informes de la radio que se iban multiplicando. Sobre las noticias que informaban de asesinatos y degüellos y quemados y asfixiados con frazadas, todos sospechosamente enemigos de la patria. Sobre el miedo que sentimos en las céntricas calles de Santiago cuando por fin nos internamos en ellas, sin decirles a nuestros padres y descubrimos que había librerías de libros usados que importaba leer. Sobre la violencia soterrada en la que nos movíamos. Porque esa no era solo la historia de las víctimas y victimarios ni solo el presente de los cómplices y de quienes sobrevivieron. No era ni una historia prestada ni una memoria ni un relato ajeno por más que entonces viviéramos en una caja de resonancia que no acababa de resonar en nosotros.

Aprendimos a escribir poemas, pero escribimos versos ciertamente irrelevantes.

En 1980 K, M y R dejamos de mandarnos mensajes en tinta invisible y compusimos un penoso poema colectivo sobre los tristísimos payasos de circo que nos publicaron en *The Gryphon.*

En 1982 la misma revista anual incluyó en sus páginas un pésimo poema sacado del pésimo primer libro de M, felizmente extraviado, sobre un patético muñeco ilustrado con la figura de una muñeca.

En 1983, R, M y O, voraz lectora de Agatha Christie, fundamos una revista a roneo bajo la tutela del único profesor chileno de inglés. La *Speak Up* incluía letras de canciones, poemas y prosas del alumnado, pero más que nada textos ahora perdidos de O y R, y de M, que dedicaría su futuro a ponerlo todo por escrito.

En 1984, M, asidua de la biblioteca y voluntaria de la misma, seguía componiendo pésimos poemas de colorido lorquiano y consiguiendo que el *Gryphon* se los publicara.

En 1985, los colegios ingleses organizaron un encuentro de poesía al que M asistió sin R, que ya no era tan amiga suya, y sin O, que lo era más que nunca. M, poeta aficionada, se sentó entre desconocidos en una sala penumbrosa y atendió al profesor leyendo en alto los versos de un verdadero poeta sobre una verdad histórica, la Guerra Civil española. «Os voy a contar todo lo que me pasa», recitó con voz afectada, como queriendo resucitar al mismísimo Neruda. M había leído la poesía y las confesiones de Pablo Neruda que su padre le había prestado, pero no conocía ese poema. Sabía que era comunista pero no que había muerto a pocos días del golpe militar ni que quizás hubiera sido envenenado por los milicos en los alrededores del golpe. «Y una mañana todo estaba ardiendo», leyó el profesor de frondoso pelo negro peinándolo hacia atrás con los dedos, «y una mañana las hogueras salían de la tierra devorando seres», siguió con aire desesperado, «y desde entonces fuego, pólvora desde entonces, y desde entonces sangre», se lamentó con voz sudorosa antes de cerrar, llorando, casi gritándonos, «¡venid a ver la sangre por las calles!».

En 1986 se repitió el encuentro en otro de los colegios, en otra sala, con otros profesores de castellano que no declamaron para nadie, y nosotros, aspirantes a poeta, leímos nuestros versos con cierta timidez desde una compilación corcheteada en una esquina. M tenía entre esas páginas un poema posiblemente no tan malo, versos de una mujer desvelada por el rasguño de unas uñas contra el ataúd donde yace enterrada, aún viva. M logró publicar tres de sus poemas en el *Gryphon,* pero no el poema ciertamente contingente de la desaparecida.

En 1987, otro pésimo poema de amor.

En 1988, unos últimos versos no tan despreciables sobre un aborto que M no había vivido aún, ni en cuerpo propio ni en ajeno.

Aprendimos largos parlamentos que repetimos de memoria para volvernos personas que no éramos, personajes shakesperianos, casi siempre, porque era eso lo que leíamos en las clases de inglés. Ser, en *A Midsummer Night's Dream,* la mujer que huye con su amante o la reina de las hadas. Pero no ser la *lady* del rey Macbeth que se refriega las manos queriendo lavar la sangre de sus víctimas. Ni ser la fierecilla domada que mi abuela me recitaba también de memoria, en castellano.

Las obras de Shakespeare pasaban por todas las manos aptas en la lengua inglesa, estaban publicadas en colecciones de bolsillo, en inglés antiguo y moderno, venían inscritas con los apellidos ingleses de alumnos anteriores, sus notas al margen, las hojas dobladas en las esquinas. Cuando el *mister* de inglés nos llamaba, de la A a la Z, nos lanzaba los libros por encima de la cabeza y estos caían, con una puntería invencible, siempre sobre los pupitres.

Ya para siempre yo dudaría al escribir. Si salvaje era con la g de *savage,* por ejemplo. Si poner una u en *behavior* o si quitarla en *neighbour,* si la posición de la r era en *center* o *centre.* Si escribir con s o z palabras tan decisivas como *apologise, recognize, agonise.*

Nos llovió sobre mojado en 1982 cuando el aguacero y los aluviones en las quebradas se extendieron como un mar turbio de toneladas de barro sobre el mapa de Santiago. Bajo el lodo quedaron quince muertos, cinco desaparecidos y miles de damnificados que se refugiaron en el mismo Estadio Nacional que sirviera de centro de detención, tortura y desaparición en el primer año de dictadura. Ahora el país entero veía pasar por el río o por la pantalla, mientras hubo luz y corriente eléctrica, pedazos de casas y tablones, y marcos de ventana y cortinas rotas, colchones, autos particulares y colectivos, carromatos destrozados, ramas de árboles o árboles enteros, bolsas de nylon vacías, muebles y estufas y otros enseres. Y vimos el lago en el que se convirtió el paso bajo nivel que llevaba derecho a mi casa, con una micro encallada. En esos días torrenciales o se subía el agua por las paredes y se metía en las casas o se nos entraba por el techo: la nuestra se llenó de palanganas para atajar las resonantes goteras que nos desvelaban por las noches.

Nos reuníamos en la mañana alrededor de las palanganas desbordadas pero lo que mirábamos era el techo, no el naufragio a nuestro alrededor.

En medio de la catástrofe siguieron llevándonos al colegio o al menos intentándolo: por si cesaba de pronto la lluvia, por si había alguna calle que pudiéramos cruzar, o por si no se cancelaban las clases, para hacernos alumnos responsables en vez de excusarnos ante el deber. Nuestros padres y el mío nos llevaron hasta el cruce de una avenida que otrora fue canal y ahora recuperaba su curso como algún día lo recuperaría nuestra historia. En vez de detenerse y devolverse, mi padre se empeñó en atravesar despacio, despacio, acelerando a golpes para evitar que se ahogara el motor y procurando no perder los frenos, no ser arrastrado por la marea. El agua se metía por las rendijas y empapaba nuestros zapatos recién lustrados con betún, nuestros calcetines, nuestras rodillas. Cierren las ventanas, gritó mi padre, el auto vuelto barca de hojalata.

K vivía en una moderna casa construida al pie de los altos cerros de la clase más alta, la que, si ya era rica, se había enriquecido aún más después del golpe. Era una casa de ventanales que daban al jardín delantero y a la piscina trasera, cerca del río en cuyo borde malvivían familias que desaparecieron en la crecida. Ese invierno la moderna casa se inundó de barro, pero el padre de K, lo descubrimos entonces, tenía un alto rango en la Fuerza Aérea que de inmediato mandó la casa a arreglar.

Y como si el país de Chile no estuviera anegado, podrido y en ruina, sobrevino un sismo de enorme magnitud. En la breve arremetida inicial supimos lo que se avecinaba pero no pudimos poner en práctica los protocolos del simulacro: el terremoto nos pilló de anochecida un domingo de 1985, en el subterráneo de un pituco *mall* inaugurado en pleno auge económico muy cerca de mi casa. Los suelos crujieron y los techos vibraron y la gente que paseaba voló en estampida mientras los niños lloraban llamando a sus madres y las madres gritaban sin encontrarlos. Las escaleras mecánicas se meneaban como serpientes. Los árboles plásticos se agitaban, caminando convulsos hacia nosotros. No había ni zonas de seguridad ni espacios abiertos ni mesas altas para guarecernos, solo las puertas vidriadas de una tienda adonde mi hermano me arrastró hasta que dejó de temblar. Corrimos entonces dejando atrás escaleras descuadradas y mostradores rotos y carteles pisoteados, atrás los pasillos del súper regados de vino, vidrio, latas de conservas y de bolsas de arroz o de arvejas congeladas, atrás la fruta todavía rodando; y corrimos tomados de la mano como los niños que ya no éramos, cruzamos la avenida y saltamos árboles desvanecidos y panderetas inclinadas, y seguimos corriendo a casa en medio de las réplicas que asolaban al país.

Señales que seguían llegando, sueltas, sospechosas, sorprendentes, en forma de sustantivos cuando aún no distinguíamos lo adjetivo de lo sustancial y nos fracasaban los verbos y los signos de interrogación.

Señales que sin embargo quedaron incrustadas en mi recuerdo, el disparo del padre de C mientras limpiaba su pistola. Eso nos dijeron en un país donde las únicas armas las portaban los milicos o la policía de investigaciones. No nos explicaron por qué poseía una pistola ni para qué la necesitaba ni por qué la estaba limpiando ni a qué se dedicaba el padre de C.

Señales de que era tan fácil morir de un disparo pero tan difícil saber de dónde venían las municiones.

Señales que, a pito de escopeta, gatillaron rumores de suicidio y de emboscada asesina e incluso de que el padre de C no estuviera muerto en absoluto (qué lesera) sino declarado muerto y enviado al extranjero para su protección.

Señales que desafiaban nuestro entendimiento (que dejáramos de preguntar).

Señales que pronto se disolvieron en el aire.

Qué conveniente era dejar de hacernos preguntas y olvidarnos de C, que permaneció mudo entre nosotros y después, tan silencioso como era, dejó el colegio.

No nos inquietaban ni policías ni pistoleros ni esos agentes de civil que llamábamos guardaespaldas. Sus Opalas estacionados dentro del colegio y su detenido deambular con oscuros anteojos por nuestros recreos. No sabíamos por qué sabíamos que pertenecían a la Central Nacional de Inteligencia, pero lo sabíamos. Los observábamos desde lejos, dando la vuelta a la desmesurada explanada de pasto. Nos acercábamos sudando y sin aliento y los mirábamos más de cerca, de arriba abajo, de abajo arriba, como si hubiera una pieza que no calzara en la imagen y nos empeñáramos en verla y borrarla de inmediato: las armas al cinto de los guardaespaldas que nos vigilaban a todos para proteger solo a un alumno, el nieto de ese dictador al que llamábamos presidente.

Permanece deliberadamente en la penumbra, ese nieto taciturno que no era nuestro compañero hasta que lo fue, porque el nieto repitió segundo o tercero medio y pasó a integrar las filas de nuestra promoción. Eso me lo recuerda O, que usaría su memoria para estudiar leyes y para ejercerla en una oficina pública tras la dictadura.

Hay agujeros en mi memoria de esos tiempos, hay angustia en ese pasado lleno de hoyos profundos por donde se deslizaron señales que me mortificarían. Cuando retrocediera a buscarlas, examinarlas, contrastarlas con otras, y ordenarlas y escribirlas. Cuando revisara quiénes fuimos esbozando el retrato hablado de la complicidad.

Nunca nadie nos mencionó a una Cecilia Magni que había estudiado en el colegio inglés de mi madre hasta que ese colegio de *girls* se unió al de *boys* que acabó siendo, en 1972, nuestro colegio mixto de los muy ricos y los no tanto. Magni tendría dieciséis, y sus hermanas gemelas, algo menores, cuentan que en esos años ella se sumaba a los caceroleos contra el

Gobierno de Allende: las mismas marchas en las que estuvo mi madre, que doblaba en edad a las Magni.

Nadie nos dijo que tuvo de profesor jefe, en 1974, al que fue nuestro profesor de castellano en 1988. El profesor que le cerró la puerta del aula a X por celebrar en el pasillo que ganara el No.

Ese profesor no nos habló de ella.

No nos dijo que había pensado ser parvularia. Que los sorprendió cuando entró a la carrera de Sociología. Que los sorprendió aún más cuando esa joven risueña de la clase alta se unió al Partido Comunista y se pasó a su brazo armado, el Frente Patriótico Manuel Rodríguez.

Eso debió impresionar al conservador profesor de castellano.

Impactó a quienes habían sido sus compañeros de curso.

No asombró tanto a su familia.

No sorprendería a sus hermanas.

Ambiciosa y perfeccionista como tantos alumnos del colegio, culta y carismática como pocos en nuestra institución, llegaría a ser la única lideresa que tuvieron los jóvenes frentistas en los dieciséis años de su existencia.

Tan dulce y querida, siguió siendo amada y admirada cuando se asumió como Comandante Tamara, convencida de que la única manera de derrocar a la dictadura era por la vía armada.

Su madre, peinada como la mía, afirmaría ante las cámaras haber rezado tanto por un mejor desenlace para la Chichi. Así dijo, con una sonrisa resignada. Y dijo haber pensado que la Chichi terminaría mal, pero que también quiso creer que no tan mal.

El marido de la Chichi contaría lo siguiente. Que se presentó en una casa de cambio vestida de *lady,* alrededor del cuello un collar de perlas de su propiedad. Que entró hablando en inglés, dando órdenes en inglés, en voz alta. Que con esa elegancia y con esa lengua y con un rifle apuntado a los operarios asaltó esa oficina para llevarse la plata que necesitaban sus correligionarios. Que conseguía las cosas más impensables gracias a ese estilo que era su capital. Eso diría el marido que pronto fue su exmarido: pese al abandono de la relación y de la única hija que tuvieron juntos, él lucharía porque se le hiciera justicia a ella, después.

Nadie nos comentó que esa alumna de nuestro colegio había arrendado una casa y tres vehículos y gestionado el traslado de las armas destinadas a acabar con Pinochet en el fallido atentado de 1986, año en el que estábamos cumpliendo, nosotros, nosotras, los dieciséis.

Ni nos dijeron que poco después, tras otro fallido ataque al retén de Los Queñes, en plena huida por la ardua cordillera del Maule, Tamara fue traicionada por un bigotudo frentista que acaso fuera un infiltrado. Murió torturada con su compañero sentimental que también era su compañero de armas.

Nadie nos lo dijo. Muy pocos supieron entonces cómo murieron ambos, ese año 1988 en que nosotros egresaríamos del colegio: sus cadáveres, hallados en el Tinguiririca, fueron pronunciados muertos por inmersión, por más que las hermanas Magni declararan imposible que Cecilia se hubiera lanzado al río. Le tenía terror al agua.

El rector británico, que pronunciaba dudosos pero eficaces discursos sobre el orden, que defendía como propia la reputación del colegio, que regía nuestras mentes y muchos de nuestros actos, citó a diez de los alumnos, diez de los que hablábamos inglés sin torpeza, diez que portábamos una distintiva corbata a rayas grises sin caballitos y una insignia ribeteada que nos confería autoridad sobre el resto del alumnado, para solicitar que diéramos una entrevista colectiva a la cadena de noticias británica.

El rector nos entregó a la periodista inglesa que nos llevó al centro de la cancha de todas las canchas y nos sentó ordenadamente mientras nos iba saludando, uno por uno, en calculado desorden. Fueron preguntas inocuas las que nos hizo, el clima santiaguino, los estudios, la preparación para la universidad y las carreras que queríamos seguir, mientras las cámaras se posicionaban y elegían sus ángulos, preparándose para cuando la periodista se lanzara a lo que los ingleses y el mundo querían averiguar.

La periodista: si sabíamos del atentado en el que pudo haber muerto Pinochet, y unos seis o siete de los que estábamos ahí, sentados en semicírculo, asentimos: lo habíamos visto todo en la televisión nacional, una y otra vez, los autos baleados en la cuesta de Achupallas, los vidrios estrellados por los proyectiles, la mano dura herida pero envuelta en gasa y al dictador arrastrando las palabras mientras daba cuenta de los hechos; y habíamos visto asimismo a los expertos describiendo el fallo estratégico del comando terrorista, el anterior decomiso de armas en Carrizal Bajo que hizo fracasar el plan original, el exitoso operativo de seguridad que solo había dejado cinco muertos.

La periodista hizo una pausa teatral mientras nos miraba, uno a uno, como si estuviera decidiendo a quién hacerle la siguiente pregunta, pero sin decidirse por ninguno de nosotros nos preguntó a todos qué opinábamos sobre lo que estaba sucediendo en el país. Sucediendo en el país, repitió. Sucediendo, dijo con más lentitud por si no hubiéramos entendido el gerundio. *Happening.* Silencio nuestro, tirante, eléctrico. Sucediendo, ¿qué estaba sucediendo?

La periodista compuso sobre su rostro una mueca de desconcierto que pudo ser amistosa pero nos pareció desconfiada o displicente o soberbia, acaso mordaz. Elevó su mirada con impaciencia por sobre nosotros, la paseó por la cordillera nevada, la hizo aterrizar en mis ojos: *So what do you think?* Que qué creía yo, yo, que creía en lo que decían mis padres (que de política decían tan poco) y en lo que decían mis profesoras (que no hablaban de política porque era peligroso). Y en lo que decía el rector (que solo daba órdenes). Sentí agitarse un músculo o un nervio o un tendón nervioso, la sacudida entre el ojo y la mejilla. La boca seca de la buena alumna enfrentándose a la pregunta que debía responder de manera impecable, sin equivocarme ni humillarme ante las cámaras inglesas, pero no sabía cuál era la respuesta correcta, qué deseaba oír aquella periodista, qué quería que yo le confirmara.

La buena alumna entrenada para sacar las mejores notas, aspirando a destacar entre los demás sin dejar de ser parte de ellos.

En esa cancha que ahora ardía a nuestros pies nos habíamos perseguido y besado y pateado. En esa cancha habíamos pasado recreos hablando irrelevancias que entonces nos importaban de manera desmedida, mientras mordisqueábamos el tierno interior blanco de los tallos de pasto o encadenábamos las minúsculas margaritas que crecían entre medio. En esa cancha habíamos entrenado, sudado, tropezado y caído, nos habíamos levantado un día, expectantes, porque pronto nos dejarían, a nosotras, tirarnos como al resto de nosotros, tirarnos a la fosa de agua sucia abierta en la meta del *steeplechase.* Escucharíamos el *ready when you are!* de cada temporada, el *on your marks, set,* el disparo de la partida; nuestras piernas partirían a velocidad y los pies avanzarían en *stacatto* para permitirnos pasar airosas ante las graderías, y por fin tirarnos, tirarnos, tirarnos, y recibir el premio de los aplausos.

Mi memoria sobrevuela otra vez la escena en el césped, capta el verde y los álamos de fondo, la reja en punta, los edificios estrangulados por enredaderas de *colleges* ingleses, el cielo leproso falto de sol.

Sobrevuela pero no logra enfocarme: me cuesta ver cómo voy peinada, si estoy o no vestida, si mi insignia de *prefect* sigue cosida a mi pecho, si mis piernas se cruzan o descruzan, si alguien junto a mí cambia de posición en la silla esperando que responda a la pregunta que sigue en suspenso, si bajo la cabeza o levanto la frente o me sonrojo. Si alguien grita o vomita o sangra golpeada por el *happening in Chile, what do you think* de la periodista a quien tampoco logro visualizar.

Lo que me saca del silencio es R, que de ser una niña tímida y temerosa había recuperado el habla y al padre y regresado a un barrio de clase media.

Lo que me saca es la modulada voz de R, que se ha vuelto nuestra Lady Di, alta, delgada, fumadora, risueña, segura de sí: la mejor deportista, la mejor gimnasta, la mejor estudiante de la historia del colegio.

Lo que me saca de la mudez es su acento tan *very british* declarando en un inglés absoluto que vivimos en el horror. Algo se remueve en mis certezas, algo se triza en mi lengua: su nosotros, su *we,* su *us,* su *our,* no es el mismo que el mío que se revela minúsculo ante el suyo que es enorme. R habla de lo que sabe, habla de lo que conoce y por años no ha podido compartir, habla de su padre y de los compañeros torturados, desaparecidos, degollados, quemados, exiliados de su padre, de las compañeras violadas que no volvieron, de quienes continuaban sin aparecer ni resucitar. Ese *we* es un cable de conexión a algo aterrador *that scares the shit out of me,* y aunque intento desviar sus palabras y discrepar con R empiezo a discrepar de mí misma, de lo que vi sin ver, de lo que supe sin saber, de todas esas señales, sospechosas, sorprendentes, sueltas, que de pronto adquieren pleno sentido.

Lo que me saca de mi nosotros es R con el suyo, porque nosotros nunca fuimos todos nosotros. Esta es la terrible verdad, afirma R sin pestañear ante las cámaras inglesas, la terrible verdad, repite en castellano despejando los equívocos, la terrible verdad del país de Chile, insiste. Y yo vislumbro demudada que ese es el país en el que he vivido sin vivirlo, en el que querré vivir viviendo. El país de Chile sobre el que voy a escribir.

Agradecimientos a Lolita Bosch y Oswaldo Estrada, que sucesivamente me instaron a escribir los inicios de este texto. A Guido Arroyo, que editó cuidadosamente el primer manuscrito, y a Alia Trabucco Zerán por la incisiva lectura del segundo. A los investigadores Alejandra Matus y Claudio Fuentes, que han trabajado para destapar verdades ocultadas y tergiversadas durante la dictadura, y muy especialmente a Claudia Ortega, Berta Espinosa, Valentina Gajardo Moller y Pamela Román, quienes se sumergieron en el archivo íntimo de esa época para auxiliarme en la búsqueda de las señales que aquí consigno.

«E il naufragar m'è dolce in questo mare»